D1717910

Livre d'or de

_____

LE _____ À _____ ,

MES PROCHES ÉTAIENT RÉUNIS
POUR FÊTER MES 15 ANS

De _____

Laisse-moi un mot...

Et joue avec moi !

QUI EST LE PLUS...
(entoure ta réponse)

DRÔLE ?   TOI   MOI
GRAND ?   TOI   MOI
BRUYANT ?   TOI   MOI
DORMEUR ?   TOI   MOI
SPORTIF ?   TOI   MOI

De _____

Laisse-moi un mot...

Et joue avec moi !

RACONTE TON MEILLEUR
SOUVENIR AVEC MOI

_____

_____

_____

_____

De _____

Laisse-moi un mot...

Et joue avec moi !

DANS 10 ANS,
TU NOUS VOIS OÙ ?

_____

_____

_____

_____

De _____

Laisse-moi un mot...

Et joue avec moi !

DESSINE-MOI
QUELQUE CHOSE :

De _____

Laisse-moi un mot...

Et joue avec moi !

COMMENT M'AS-TU RENCONTRÉ(E) ?

_____

_____

_____

_____

De _____

Laisse-moi un mot...

Et joue avec moi !

JE T'INVITE CHEZ MOI,
JE TE FAIS QUOI À MANGER ?

_____

_____

_____

_____

De _____

Laisse-moi un mot...

Et joue avec moi !

SI J'ÉTAIS....,
JE SERAIS...

UN ANIMAL _____
UNE COULEUR _____
UNE VOITURE _____
UNE STAR _____
UN PLAT _____

De _____

Laisse-moi un mot...

Et joue avec moi !

ON A UNE BAGUETTE MAGIQUE,
ON PEUT ALLER OÙ ON VEUT,
ON VA OÙ ?

_____

_____

_____

De _____

Laisse-moi un mot...

Et joue avec moi !

EST-CE QUE
TU ME CONNAIS BIEN ?
CE QUE JE PRÉFÈRE :

CHANSON _____
COULEUR _____
SÉRIE _____
PLAT _____

De _____

Laisse-moi un mot...

Et joue avec moi !

LE COCKTAIL LE PLUS DÉGUEU
(Mets-moi au défi de réaliser et de
boire ta recette de cocktail)

_____

_____

_____

De _____

Laisse-moi un mot...

Et joue avec moi !

QUI EST LE PLUS...
(entoure ta réponse)

DRÔLE ?	TOI	MOI
GRAND ?	TOI	MOI
BRUYANT ?	TOI	MOI
DORMEUR ?	TOI	MOI
SPORTIF ?	TOI	MOI

De _____

Laisse-moi un mot...

Et joue avec moi !

RACONTE TON MEILLEUR
SOUVENIR AVEC MOI

_____

_____

_____

_____

De _____

Laisse-moi un mot...

Et joue avec moi !

DANS 10 ANS,
TU NOUS VOIS OÙ ?

_____

_____

_____

_____

De _____

Laisse-moi un mot...

Et joue avec moi !

DESSINE-MOI
QUELQUE CHOSE :

De _____

Laisse-moi un mot...

Et joue avec moi !

COMMENT M'AS-TU
RENCONTRÉ(E) ?

_____

_____

_____

_____

De _____

Laisse-moi un mot...

Et joue avec moi !

JE T'INVITE CHEZ MOI,
JE TE FAIS QUOI À MANGER ?

_____

_____

_____

_____

De _____

Laisse-moi un mot...

Et joue avec moi !

SI J'ÉTAIS....,
JE SERAIS...

UN ANIMAL _____
UNE COULEUR_____
UNE VOITURE_____
UNE STAR _____
UN PLAT_____

De _____

Laisse-moi un mot...

Et joue avec moi !

ON A UNE BAGUETTE MAGIQUE,
ON PEUT ALLER OÙ ON VEUT,
ON VA OÙ ?

_____

_____

_____

De _____

Laisse-moi un mot...

Et joue avec moi !

EST-CE QUE
TU ME CONNAIS BIEN ?
CE QUE JE PRÉFÈRE :

CHANSON _____
COULEUR _____
SÉRIE _____
PLAT _____

De _____

Laisse-moi un mot...

Et joue avec moi !

LE COCKTAIL LE PLUS DÉGUEU
(Mets-moi au défi de réaliser et de
boire ta recette de cocktail)

_____

_____

_____

De _____

Laisse-moi un mot...

Et joue avec moi !

QUI EST LE PLUS...
(entoure ta réponse)

DRÔLE ?	TOI	MOI
GRAND ?	TOI	MOI
BRUYANT ?	TOI	MOI
DORMEUR ?	TOI	MOI
SPORTIF ?	TOI	MOI

De _____

Laisse-moi un mot...

Et joue avec moi !

RACONTE TON MEILLEUR
SOUVENIR AVEC MOI

_____

_____

_____

_____

De _____

Laisse-moi un mot...

Et joue avec moi !

DANS 10 ANS,
TU NOUS VOIS OÙ ?

_____

_____

_____

_____

De _____

Laisse-moi un mot...

Et joue avec moi !

DESSINE-MOI
QUELQUE CHOSE :

De _____

Laisse-moi un mot...

Et joue avec moi !

COMMENT M'AS-TU
RENCONTRÉ(E) ?

_____

_____

_____

_____

De _____

Laisse-moi un mot...

Et joue avec moi !

JE T'INVITE CHEZ MOI,
JE TE FAIS QUOI À MANGER ?

_____

_____

_____

_____

De _____

Laisse-moi un mot...

Et joue avec moi !

SI J'ÉTAIS....,
JE SERAIS...

UN ANIMAL _____
UNE COULEUR_____
UNE VOITURE_____
UNE STAR _____
UN PLAT_____

De _____

Laisse-moi un mot...

Et joue avec moi !

ON A UNE BAGUETTE MAGIQUE,
ON PEUT ALLER OÙ ON VEUT,
ON VA OÙ ?

_____

_____

_____

De _____

Laisse-moi un mot...

Et joue avec moi !

EST-CE QUE
TU ME CONNAIS BIEN ?
CE QUE JE PRÉFÈRE :

CHANSON _____
COULEUR _____
SÉRIE _____
PLAT _____

De _____

Laisse-moi un mot...

Et joue avec moi !

LE COCKTAIL LE PLUS DÉGUEU
(Mets-moi au défi de réaliser et de
boire ta recette de cocktail)

_____

_____

_____

De _____

Laisse-moi un mot...

Et joue avec moi !

QUI EST LE PLUS...
(entoure ta réponse)

DRÔLE ?	TOI	MOI
GRAND ?	TOI	MOI
BRUYANT ?	TOI	MOI
DORMEUR ?	TOI	MOI
SPORTIF ?	TOI	MOI

De _____

Laisse-moi un mot...

Et joue avec moi !

RACONTE TON MEILLEUR
SOUVENIR AVEC MOI

_____

_____

_____

_____

De _____

Laisse-moi un mot...

Et joue avec moi !

DANS 10 ANS,
TU NOUS VOIS OÙ ?

_____

_____

_____

_____

De _____

Laisse-moi un mot...

Et joue avec moi !

DESSINE-MOI
QUELQUE CHOSE :

De _____

Laisse-moi un mot...

Et joue avec moi !

COMMENT M'AS-TU
RENCONTRÉ(E) ?

_____

_____

_____

_____

De _____

Laisse-moi un mot...

Et joue avec moi !

JE T'INVITE CHEZ MOI,
JE TE FAIS QUOI À MANGER ?

_____

_____

_____

_____

De _____

Laisse-moi un mot...

Et joue avec moi !

SI J'ÉTAIS....,
JE SERAIS...

UN ANIMAL _____
UNE COULEUR_____
UNE VOITURE_____
UNE STAR _____
UN PLAT_____

De _____

Laisse-moi un mot...

Et joue avec moi !

ON A UNE BAGUETTE MAGIQUE,
ON PEUT ALLER OÙ ON VEUT,
ON VA OÙ ?

De _____

Laisse-moi un mot...

Et joue avec moi !

EST-CE QUE
TU ME CONNAIS BIEN ?
CE QUE JE PRÉFÈRE :

CHANSON _____
COULEUR _____
SÉRIE _____
PLAT _____

De _____

Laisse-moi un mot...

Et joue avec moi !

LE COCKTAIL LE PLUS DÉGUEU
(Mets-moi au défi de réaliser et de
boire ta recette de cocktail)

_____

_____

_____

De _____

Laisse-moi un mot...

Et joue avec moi !

QUI EST LE PLUS...
(entoure ta réponse)

DRÔLE ?	TOI	MOI
GRAND ?	TOI	MOI
BRUYANT ?	TOI	MOI
DORMEUR ?	TOI	MOI
SPORTIF ?	TOI	MOI

De _____

Laisse-moi un mot...

Et joue avec moi !

RACONTE TON MEILLEUR
SOUVENIR AVEC MOI

_____

_____

_____

_____

De _____

Laisse-moi un mot...

Et joue avec moi !

DANS 10 ANS,
TU NOUS VOIS OÙ ?

_____

_____

_____

_____

De _____

Laisse-moi un mot...

Et joue avec moi !

DESSINE-MOI
QUELQUE CHOSE :

De _____

Laisse-moi un mot...

Et joue avec moi !

COMMENT M'AS-TU
RENCONTRÉ(E) ?

_____

_____

_____

_____

De _____

Laisse-moi un mot...

Et joue avec moi !

JE T'INVITE CHEZ MOI,
JE TE FAIS QUOI À MANGER ?

_____

_____

_____

_____

De _____

Laisse-moi un mot...

Et joue avec moi !

SI J'ÉTAIS....,
JE SERAIS...

UN ANIMAL _____
UNE COULEUR_____
UNE VOITURE_____
UNE STAR _____
UN PLAT_____

De _____

Laisse-moi un mot...

Et joue avec moi !

ON A UNE BAGUETTE MAGIQUE,
ON PEUT ALLER OÙ ON VEUT,
ON VA OÙ ?

_____

_____

_____

De _____

Laisse-moi un mot...

Et joue avec moi !

EST-CE QUE
TU ME CONNAIS BIEN ?
CE QUE JE PRÉFÈRE :

CHANSON _____
COULEUR _____
SÉRIE _____
PLAT _____

De _____

Laisse-moi un mot...

Et joue avec moi !

LE COCKTAIL LE PLUS DÉGUEU
(Mets-moi au défi de réaliser et de
boire ta recette de cocktail)

_____

_____

_____

De _____

Laisse-moi un mot...

Et joue avec moi !

QUI EST LE PLUS...
(entoure ta réponse)

DRÔLE ?	TOI	MOI
GRAND ?	TOI	MOI
BRUYANT ?	TOI	MOI
DORMEUR ?	TOI	MOI
SPORTIF ?	TOI	MOI

De _____

Laisse-moi un mot...

Et joue avec moi !

RACONTE TON MEILLEUR
SOUVENIR AVEC MOI

_____

_____

_____

_____

De _____

Laisse-moi un mot...

Et joue avec moi !

DANS 10 ANS,
TU NOUS VOIS OÙ ?

_____
_____
_____
_____

De  _____

Laisse-moi un mot...

Et joue avec moi !

DESSINE-MOI
QUELQUE CHOSE :

De _____

Laisse-moi un mot...

Et joue avec moi !

COMMENT M'AS-TU
RENCONTRÉ(E) ?

_____

_____

_____

_____

De _____

Laisse-moi un mot...

Et joue avec moi !

JE T'INVITE CHEZ MOI,
JE TE FAIS QUOI À MANGER ?

_____

_____

_____

_____

De _____

Laisse-moi un mot...

Et joue avec moi !

SI J'ÉTAIS....,
JE SERAIS...

UN ANIMAL _____
UNE COULEUR_____
UNE VOITURE_____
UNE STAR _____
UN PLAT_____

De _____

Laisse-moi un mot...

Et joue avec moi !

ON A UNE BAGUETTE MAGIQUE,
ON PEUT ALLER OÙ ON VEUT,
ON VA OÙ ?

_____

_____

_____

De _____

Laisse-moi un mot...

Et joue avec moi !

EST-CE QUE
TU ME CONNAIS BIEN ?
CE QUE JE PRÉFÈRE :

CHANSON _____
COULEUR _____
SÉRIE _____
PLAT _____

De _____

Laisse-moi un mot...

Et joue avec moi !

LE COCKTAIL LE PLUS DÉGUEU
(Mets-moi au défi de réaliser et de
boire ta recette de cocktail)

_____

_____

_____

De _____

Laisse-moi un mot...

Et joue avec moi !

QUI EST LE PLUS...
(entoure ta réponse)

DRÔLE ?	TOI	MOI
GRAND ?	TOI	MOI
BRUYANT ?	TOI	MOI
DORMEUR ?	TOI	MOI
SPORTIF ?	TOI	MOI

Liste de cadeaux

Prénom	Cadeau
_____	_____
_____	_____
_____	_____
_____	_____
_____	_____
_____	_____
_____	_____
_____	_____
_____	_____

Prénom

Cadeau

Retrouvez-nous

 sur Facebook :

ou inscrivez-vous à notre newsletter :

Printed in France by Amazon
Brétigny-sur-Orge, FR

20949875R00040